BEI GRIN MACHT SICH IHR WISSEN BEZAHLT

Trainingsplanung. Beweglichkeitstestung, Beweglichkeitstraining und Koordinationstraining

Jannis Schwierz

Bibliografische Information der Deutschen Nationalbibliothek:

Die Deutsche Nationalbibliothek verzeichnet diese Publikation in der Deutschen Nationalbibliografie; detaillierte bibliografische Daten sind im Internet über http://dnb.d-nb.de abrufbar.

ISBN: 9783346474377
Dieses Buch ist auch als E-Book erhältlich.

© GRIN Publishing GmbH
Nymphenburger Straße 86
80636 München

Druck und Bindung: Books on Demand GmbH, Norderstedt Germany
Gedruckt auf säurefreiem Papier aus verantwortungsvollen Quellen

Das vorliegende Werk wurde sorgfältig erarbeitet. Dennoch übernehmen Autoren und Verlag für die Richtigkeit von Angaben, Hinweisen, Links und Ratschlägen sowie eventuelle Druckfehler keine Haftung.

Das Buch bei GRIN: https://www.grin.com/document/1060101

Deutsche Hochschule für
Prävention und Gesundheitsmanagement
Hermann Neuberger Sportschule 3
66123 Saarbrücken

Einsendeaufgabe

Fachmodul:	Trainingslehre III
Studiengang:	Sportökonomie
Datum Präsenzphase:	08.06. – 10.06.2020
Name, Vorname:	Schwierz, Jannis
Studienort:	**Stuttgart**
Semester:	**SS18**

Inhaltsverzeichnis

1 PERSONENDATEN 4

1.1 Allgemeine und biometrische Daten...4

2 BEWEGLICHKEITSTESTUNG 4

2.1 Ablauf manueller Beweglichkeitstest 4

    2.1.1   Testung M. pectoralis major 5

    2.1.2   Testung M. iliopsoas 5

    2.1.3   Testung M. rectus femoris 6

    2.1.4   Testung der Mm. ischiocrurales..7

    2.1.5   Testung Mm. triceps surae 7

2.2 Testergebnisse der Testperson 8

3 TRAININGSPLANUNG BEWEGLICHKEITSTRAINING 9

3.1 Dehnung der einzelnen Muskelgruppen 9

    3.1.1   Dehnung Nackenmuskulatur...9

    3.1.2   Dehnung Brustmuskulatur I...9

    3.1.3   Dehnung Brustmuskulatur II...10

    3.1.4   Dehnung Rumpfmuskulatur...10

    3.1.5   Dehnung Lenden-Darmbeinmuskulatur..11

    3.1.6   Dehnung der Adduktoren 11

    3.1.7   Dehnung ischiocrurale Muskulatur 11

    3.1.8   Dehnung vierköpfiger Oberschenkelmuskel....................................12

    3.1.9   Dehnung Wadenmuskulatur I 12

    3.1.10   Dehnung Wadenmuskulatur II..12

3.2 Begründung des Dehnprogramms 13

4 TRAININGSPLANUNG KOORDINATIONSTRAINING....................... 13

4.1 Durchführung des Koordinationstrainings..14

4.2 Begründung des Koordinationsprogramms...15

5 LITERATURRECHERCHE 16

5.1 Studie I....16

5.2 Studie II 18

6 ABBILDUNGS- UND TABELLENVERZEICHNIS **20**

6.1 Abbildungsverzeichnis 20

6.2 Tabellenverzeichnis 20

7 LITERATURVERZEICHNIS **20**

1 Personendaten

1.1 Allgemeine und biometrische Daten

Tab. 1: allgemeine und biometrische Daten zur Testperson

Alter	55 Jahre
Geschlecht	männlich
Körpergröße	180cm
Körpergewicht	78kg
Trainingsmotive	Vergrößerung der Bewegungsreichweite und Erhalt der Beweglichkeit im Muskel-Gelenk-System
Berufliche Tätigkeit	Angestellter im Büro
Sportliche Aktivitäten	1x / Woche moderates Joggen á 45min
Zeitlicher Verfügungsrahmen	3x / Woche, max. 90 min

Aus der Anamnese der Testperson wurden obige Daten und Informationen entnommen. Die Testperson liegt mit einem BMI von 24,1 im Normalgewicht gemäß der WHO (vgl. Body mass index, WHO).

Es liegen weder orthopädische noch internistische Probleme vor und die Testperson nimmt keine ärztliche Behandlung in Anspruch. Darüber hinaus nimmt die Testperson keine Medikamente ein und ist damit aus medizinischer Sicht voll umfänglich belastbar. Die Testperson hat keine Vorerfahrung im Kraftsport oder im Dehnungs- bzw. Koordinationsbereich und ist somit als Anfänger einzustufen.

2 Beweglichkeitstestung

2.1 Ablauf manueller Beweglichkeitstest

Um die Beweglichkeit der Testperson zu diagnostizieren, wurde das vereinfachte Testverfahren nach Janda (Janda, 2007)angewandt. Dieses Verfahren beinhaltet insgesamt fünf Muskelfunktionsprüfungen. Getestet wurden hierbei der M. pectoralis major, der M. iliopsoas, der M. rectus femoris, die Mm. ischiocurales sowie die Mm. triceps surae der Zielperson. Im Zuge der Auswertung wurden die Ergebnisse in 3 Stufen eingeteilt; Stufe

0 beschreibt eine normale bzw. gute Beweglichkeit ohne jegliche Beweglichkeitsdefizite. Personen der Stufe 1 weisen eine leicht eingeschränkte Beweglichkeit mit leichten Beweglichkeitsdefiziten auf. Stufe 2 beschreibt eine stark eingeschränkte Beweglichkeit und erhebliche Beweglichkeitsdefizite. Bei allen unilateralen Testungen wurden nacheinander beide Seiten getestet. Nachfolgend sind stets die Normwerte für die Testung dargestellt.

2.1.1 Testung M. pectoralis major

Für die Testung des M. pectoralis major legt sich die Testperson zunächst in Rückenlage auf eine Liege, winkelt die Beine an und stellt die Füße auf der Liege ab. Dies dient der Stabilisierung des Beckens. Die Lendenwirbelsäule wird durch das Anspannen der Bauchmuskulatur zusätzlich stabilisiert. Während der gesamten Ausführung ist darauf zu achten, dass das Becken nicht angehoben wird. Hierdurch verfälsche sich das Testergebnis, ebenso durch Hyperlordose in der Lendenwirbelsäule. Der Tester übt während der Durchführung leichten Zug mit der Hand entgegen der zu testenden Seite aus – wird also die linke Seite getestet und der linke Arm ist somit nicht am Körper, übt der Tester Zug am Brustmuskel diagonal nach links unten am Körper der Testperson aus. Dieses Vorgehen stabilisiert zusätzlich den Thorax.

Zur Durchführung der Testung streckt die Testperson den entsprechenden Arm weg vom Körper und winkelt den Ellenbogen um 90 Grad an. Der Arm ist dabei außenrotiert, die Hand ist dementsprechend leicht über Kopfhöhe. Getestet wird hierbei die Position des Oberarms zur Horizontalen.

Tab. 2: Normwerte Testung des M. pectoralis major, eigene Darstellung, modifiziert nach Janda (2000)

Stufe 0	Oberarm erreicht Horizontale
Stufe 1	Oberarm erreicht Horizontale durch Druck des Testers
Stufe 2	Oberarm erreicht Horizontale auch durch Druck des Testers nicht

2.1.2 Testung M. iliopsoas

Um die Beweglichkeit des M. iliopsoas zu testen, nimmt die Testperson wiederum eine liegende Haltung ein. Die Beine hängen über die Liege hinaus, das Gesäß befindet sich dementsprechend am unteren Ende der Liege. Zu beachten ist auch hierbei wieder, dass das Anheben des Beckens oder eine Hyperlordose im Lendenwirbelbereich das Testergebnis manipulieren oder verfälschen können. Nun zieht die Testperson ein angewinkeltes Bein maximal zum eigenen Körper heran, das Knie wird also in Richtung der Brust gezogen. Das andere Bein bleibt währenddessen im Überhang. Unterstützend übt der Tester leichten Druck auf das Knie des hängenden Beines aus und schiebt die andere Hand unter die Lendenwirbelsäule der Testperson. Dies dient der Stabilisierung der Lendenwirbelsäule. Während die Testperson das Bein zum Körper heranzieht, beobachtet der Tester die Hüftflexion des überhängenden Beines. Relevant für die Auswertung ist hierbei die Position des Oberschenkels im Verhältnis zur Körperlängsachse. Während dieser Übung wird das Hüftgelenk maximal extendiert, da der M. iliopsoas im Hüftgelenk eine Flexion ausführt und das andere Bein währenddessen im Überhang gehalten wird.

Tab. 3: Normwerte Testung des M. iliopsoas, eigene Darstellung, modifiziert nach Janda (2000)

Stufe 0	Oberschenkel erreicht Horizontale
Stufe 1	Oberschenkel erreicht Horizontale durch Druck des Testers
Stufe 2	Oberschenkel erreicht Horizontale auch durch Druck des Testers nicht

2.1.3   Testung M. rectus femoris

Nun wird die Beweglichkeit des M. rectus femoris getestet. Hierzu nimmt die Testperson zunächst dieselbe Ausgangsposition ein wie bei der Testung des M. iliopsoas. Auch hier zieht die Testperson per Flexion im Hüftgelenk ein Bein maximal zum Körper heran, der Tester übt dabei leichten Druck auf das überhängende Bein aus, um dieses im maximal möglichen Hüftflexionswinkel zu fixieren. Dann greift der Tester den Fuß des hängenden Beines der Testperson und drückt diesen leicht nach hinten, um durch eine Extension im Kniegelenk den maximalen Kniebeugewinkel zu erreichen. Relevanter Messbereich ist hier Winkel zwischen Ober- und Unterschenkel. Um hier kein verfälschtes Testergebnis zu bekommen, müssen das Becken sowie die Lendenwirbelsäule fixiert werden. Hierfür übt der Tester den oben genannten Druck auf das überhängende Bein aus. Außerdem ist zu beachten, dass bei der Beugung des Kniegelenks nach außen keine Behinderung durch die Liege oder den Tester selbst auftritt.

Tab. 4: Normwerte Testung des M. rectus femoris, eigene Darstellung, modifizert nach Janda (2000)

Stufe 0	Unterschenkel hängt senkrecht herab
Stufe 1	Unterschenkel erreicht 90° im Kniegelenk durch Druck des Testers
Stufe 2	Unterschenkel erreicht 90° im Kniegelenk auch durch Druck des Testers nicht

2.1.4 Testung der Mm. ischiocrurales

Für die Testung der Mm. ischiocrurales legt sich die Testperson auf die Liege und winkelt ein Bein im Knie- und Hüftgelenk an. Der Fuß wird dabei auf der Liege abgestellt. Das andere Bein streckt die Testperson im Kniegelenk durch. Der Tester führt dann das durchgestreckte Bein bis zur maximal möglichen Hüftflexion und achtet dabei darauf, dass sowohl das getestete Bein durchgestreckt bleibt als auch das andere Bein seine Position hält. Außerdem soll die Patella frei bleiben und Lendenwirbelsäule und Becken müssen fixiert bleiben, damit das Testergebnis nicht verfälscht wird.

Tab. 5: Normwerte Testung Mm. ischiocrurales, eigene Darstellung, modifiziert nach Janda (2000)

Stufe 0	Hüftflexion im Ausmaß von 90° möglich
Stufe 1	Hüftflexion im Ausmaß von 80-90° möglich
Stufe 2	Hüftflexion nur unter 80° möglich

2.1.5 Testung Mm. triceps surae

Für den fünften und letzten Beweglichkeitstest legt sich die Testperson wieder auf die Liege und winkelt ein Bein an, der Fuß wird auf die Liege gestellt. Das zu testende Bein streckt die Zielperson durch, der Tester greift an der Ferse des Fußes und zieht diese durch leichten Druck vom Körper weg. Gleichzeitig übt der Tester an der Außenkante des Fußes leichten Druck mit dem Daumen aus, sodass der Fuß sich von den Zehen abwärts in Richtung des Schienbeins beugt. Der Fuß wird bis zur maximalen Dorsalextension gedrückt, wichtig ist, dass weiterhin ein distaler Zug an der Ferse durchgeführt wird.

Bei dieser Testung werden sowohl der M. gastrocnemicus als auch der M. soleus isoliert getestet. Für die Testung des M. gastrocnemicus wird das oben beschrieben Verfahren bei gestrecktem Kniegelenk durchgeführt. Für eine Auswertung des M. soleus winkelt die Testperson das Bein im Kniegelenk an, um somit ein ggf. größeres Bewegungsausmaß zu erreichen. Bei beiden Tests ist unbedingt zu beachten, an der Außenkante der Fußsohle zu drücken. Bei Druck auf die Mitte des Fußes kann es, bedingt durch einen Reflex, zur Anspannung der Mm. triceps surae und damit zu einem manipulierten Testergebnis kommen.

Tab. 6: Normwerte Testung Mm. triceps surae, eigene Darstellung, modifiziert nach Janda (2000)

Stufe 0	Dorsalextension bis 0° möglich
Stufe 1	Dorsalextension möglich, 0° wird nicht ganz erreicht
Stufe 2	Dorsalextension nur bis 10° unter 0°-Stellung möglich

2.2 Testergebnisse der Testperson

Mit der Zielperson wurden alle Übungen des manuellen Beweglichkeitstests durchgeführt und die Ergebnisse protokolliert. Nachfolgend werden die Ergebnisse dargestellt.

Tab. 7: Auswertung Ergebnisse der Testperson, eigene Darstellung

Testung	**Ergebnis**
M. pectoralis major	Beidseitig Stufe 2
M. iliopsoas	Beidseitig Stufe 1
M. rectus femoris	Beidseitig Stufe 0
Mm. ischiocrurales	Beidseitig Stufe 1
Mm. triceps surae	Beidseitig Stufe 0

Die Testperson weist beidseitige Defizite vor allem in der Brustmuskulatur sowie in der Hüft- und Kniebeugemuskulatur auf. In der Kniestreckermuskulatur und der Wadenmuskulatur liegen keine Beweglichkeitsdefizite vor (vgl. Tab. 7), der Fokus während der Trainingsplanung liegt ergo auf den drei anderen getesteten Muskelgruppen. Die Hintergründe der Defizite können mitunter auf den beruflichen Alltag der Testperson zurückgeführt werden. Als Angestellter im Büro ist davon auszugehen, dass die Testperson mehrere Stunden am Tag sitzend vor einem Computer verbringt und sich während der Arbeitszeit kaum bewegt. Aus der vorgebeugten Haltung resultieren vermutlich die starken

Beweglichkeitsdefizite im M. pectoralis major. Auch die Einschränkungen in Hüft- und Kniebeuger sind unter anderem durch die lange sitzende Haltung zu begründen. Außerdem betreibt die Zielperson in ihrer Freizeit keinen Kraftsport oder Dehnungs- bzw. Beweglichkeitstraining. Primäres Ziel der Testperson ist der Erhalt der Beweglichkeit, um sowohl im beruflichen als auch privaten Alltag agil zu bleiben, die Bewegungsreichweite zu vergrößern und den körperlichen Belastungen des Berufsalltags entgegen zu wirken. Diese Ziele decken sich mit den allgemeinen Zielen des Beweglichkeitstrainings (Schnabel, 1998).

3 Trainingsplanung Beweglichkeitstraining

3.1 Dehnung der einzelnen Muskelgruppen

Nachdem die Ergebnisse der Beweglichkeitstestung erfasst und ausgewertet wurden, wird für die Testperson ein geeignetes Trainingsprogramm im Sinne des Beweglichkeitstrainings erstellt.

3.1.1 Dehnung Nackenmuskulatur

Diese Übung erfolgt aktiv-passiv und statisch, gedehnt werden hierbei der Trapezmuskel sowie der große Kopfwender.

Die Testperson nimmt eine hüftbreite Standposition ein. Dann greift sie mit einer Hand seitlich am Kopf und übt Zug auf den Kopf in Richtung des angewinkelten Armes aus. Der andere Arm wird per Schulterblattdepression nach unten gedrückt. Der Kopf wird dabei auf die kontralaterale Seite gezogen, sodass die Nackenmuskulatur unilateral gedehnt wird. Zu beachten ist hierbei, dass der Nacken gestreckt bleibt und der Kopf nicht nach hinten bzw. vorne fällt. Es werden nacheinander beide Seiten gedehnt.

-Belastungsgefüge: 3x / Woche, beide Seiten je 4 Sätze á 45sek, bis zur Dehngrenze

3.1.2 Dehnung Brustmuskulatur I

Diese Übung erfolgt unilateral, passiv und statisch, gedehnt werden hierbei der kleine sowie der große Brustmuskel.

Die Testperson macht einen Ausfallschritt und stellt sich seitlich neben eine Wand, sodass eine Schulter an der Wand ist. Dann wird das Schultergelenk außenrotiert und der Unterarm wird durch eine Retroversion des Schultergelenks an die Wand angelehnt. Dabei sollte versucht werden, ohne Hüftrotation den Arm möglichst weit hinten an die Wand zu lehnen, wenn möglich hinter dem Körper. Der Ellenbogen befindet sich also hinter der Schulter. Dann legt die Testperson den anderen Arm auf den Rücken, zieht die Schulter nach hinten und dreht den Oberkörper weg von der Wand. Dadurch wird kontralateraler Zug auf den Brustmuskel ausgeübt und dieser somit gedehnt. Auch hier werden beide Seiten nacheinander gedehnt.

-Belastungsgefüge: 3x / Woche, beiden Seiten je 4 Sätze á 45sek, bis zur Dehnschwelle

3.1.3 Dehnung Brustmuskulatur II

Diese Übung erfolgt bilateral, aktiv und dynamisch, gedehnt werden hierbei der große und kleine Brustmuskel sowie der vordere Deltamuskel.

Die Testperson geht in eine aufrechte, hüftbreite Standhaltung. Dann werden beide Arme durch eine Abduktion des Schultergelenks seitlich ausgestreckt, die Ellenbogen befinden sich auf Schulterhöhe. Um nun die Brustmuskulatur sowie den vorderen Deltamuskel zu dehnen, zieht die Testperson die Schultern nach hinten und führt die Arme maximal möglich nach hinten. Dadurch kontrahiert der Antagonist, hier der Trapezmuskel. Um nahezu maximale Dehnungsreize zu setzen, wird die Dehnposition abwechselnd eingenommen und wieder verlassen – es wird also dynamisch gedehnt.

-Belastungsgefüge: 3x / Woche, 4 Sätze á 45sek, bis zur Dehnschwelle

3.1.4 Dehnung Rumpfmuskulatur

Diese Übung erfolgt bilateral, aktiv und dynamisch, gedehnt werden hierbei Teile der Rumpfmuskulatur, insbesondere der M. latissimus dorsi, der Trapezmuskel sowie der gerade Bauchmuskel.

Die Testperson begibt sich in den Vierfüßlerstand. Zunächst werden die Bauchmuskeln angespannt und die Wirbelsäule maximal gebeugt, sodass der Rücken einen „Katzenbuckel" formt. Dabei sollen die Knie auf dem Boden bleiben, dennoch soll der Rumpf maximal möglich nach oben gestreckt werden. Nach 10sek wird die Bewegung gewechselt, nun streckt die Testperson die Wirbelsäule vollständig durch, zieht die Schultern zurück und streckt das Gesäß nach hinten hinaus. Hierbei soll versucht werden, trotz durchgestreckter Arme den Bauch maximal möglich in Richtung des Bodens zu drücken. Nach wiederum 10sek begibt sich die Testperson wieder in die vorherige Position und führt diesen Wechsel insgesamt 40sek lang durch.

-Belastungsgefüge: 3x / Woche, 4 Sätze á 40sek, bis zur Dehngrenze

3.1.5 Dehnung Lenden-Darmbeinmuskulatur

Diese Übung erfolgt unilateral, passiv und statisch, gedehnt wird hierbei der M. iliopsoas sowie der M. rectus femoris.

Die Testperson macht einen großen Ausfallschritt, stellt ein Knie im 90°-Winkel vor dem Körper ab und legt das andere Knie hinter dem Körper auf dem Boden ab. Das hintere Bein wird dabei leicht angewinkelt und der Fuß ebenfalls auf dem Boden abgestellt. Der Oberkörper wird nach vorne gelehnt und mit den Händen stützt sich die Person auf dem vorderen Oberschenkel ab. Dabei wird der Körperschwerpunkt nach vorne verlagert und das Becken nach unten gedrückt. Diese Übung wird beidseitig nacheinander durchgeführt.

-Belastungsgefüge: 3x / Woche, beidseitig jeweils 4 Sätze á 45sek, bis zur Dehngrenze

3.1.6 Dehnung der Adduktoren

Diese Übung erfolgt bilateral und postisometrisch, gedehnt werden hierbei der große Oberschenkelanzieher, der lange Oberschenkelanzieher, der kurze Oberschenkelanzieher und der Kammmuskel.

In der postisometrischen Dehnung wird die anvisierte Muskulatur nach einer 6-10sekündigen Kontraktion für 2-3sek entspannt und im Anschluss zwischen 10 und 20sek gedehnt (Schnabel et al., 2005).

Die Testperson nimmt eine aufrechte Sitzposition ein und winkelt die Beine in der Kniekehle an, sodass ihre Fußsohlen aufeinander zeigen und sich berühren. Die Fersen werden dabei zum Körper hingezogen. Um nun die anvisierte Muskulatur zu kontrahieren, drückt die Testperson die Oberschenkel nach oben zusammen, während die Ellenbogen dem Druck Widerstand leisten und nach unten drücken. Nach 10sek wird die Position verlassen und nach 3sek Entspannung wird die Muskulatur gedehnt, indem die Testperson die Ellenbogen an der Oberschenkelinnenseite aufgelegt werden und die Oberschenkel nach unten drücken. Diese Position wird gehalten.

-Belastungsgefüge: 3x / Woche, 4 Sätze á 33sek (10s; 3s; 20s), bis zur maximalen Bewegungsreichweite

3.1.7 Dehnung ischiocrurale Muskulatur

Diese Übung erfolgt unilateral, aktiv-passiv und statisch, gedehnt werden hierbei der M. biceps femoris longus, der M. semitendinosus sowie der M. semimembranosus.

Die Testperson nimmt eine Rückenlage ein und winkelt ein Bein um 45° an. Dieses Bein wird dann mit dem Fuß auf dem Boden abgesetzt. Das andere Bein greift die Zielperson mit den Händen an der Oberschenkelrückseite und zieht es zu sich heran, bis die maximal mögliche Hüftgelenkflexion erreicht ist. Dann wird das Kniegelenk aktiv maximal extendiert und das Bein durchgestreckt. Diese Position wird gehalten und auf beiden Seiten nacheinander durchgeführt.

-Belastungsgefüge: 3x / Woche, beidseitig jeweils 4 Sätze á 45sek, bis zur Dehngrenze

3.1.8 Dehnung vierköpfiger Oberschenkelmuskel

Diese Übung erfolgt unilateral, aktiv-passiv und dynamisch, gedehnt wird hierbei der M. quadriceps femoris.

In der Seitenlage wird das untere Bein angewinkelt und auf dem Boden abgelegt. Mit der Hand greift die Testperson das andere Bein am Sprunggelenk und führt es nach hinten in Richtung des Gesäßes. Dabei wird das Gesäß angespannt und das Hüftgelenk gestreckt. In der dynamischen Arbeitsweise wird diese Position abwechselnd eingenommen und wieder verlassen. Die Übung wird nacheinander beidseitig durchgeführt.

-Belastungsgefüge: 3x / Woche, beidseitig jeweils 4 Sätze á 45sek, bis zur Dehngrenze

3.1.9 Dehnung Wadenmuskulatur I

Diese Übung erfolgt unilateral, passiv und statisch, gedehnt wird hierbei der M. gastrocnemicus.

Die Testperson macht einen großen Ausfallschritt nach vorne und streckt das hintere Bein im Kniegelenk durch. Dann lehnt sie den Oberkörper nach vorne und stützt sich auf dem vorderen leicht angewinkelten Bein ab. Wichtig ist hierbei, dass beide Sprunggelenke nicht außenrotiert werden und die Fußsohlen auf dem Boden bleiben. Diese Position wird gehalten. Diese Übung wird nacheinander auf beiden Seiten durchgeführt.

-Belastungsgefüge: 3x / Woche, beidseitig jeweils 4 Sätze á 45sek, bis zur maximalen Bewegungsreichweite

3.1.10 Dehnung Wadenmuskulatur II

Diese Übung erfolgt unilateral, passiv und statisch, gedehnt wird hierbei der M. soleus.

Die Testperson macht einen kleineren Ausfallschritt nach vorne. Diesmal wird das hintere Bein angewinkelt und der Oberkörper bleibt aufrecht. Somit verschiebt sich der Körperschwerpunkt nach hinten. Das vordere Bein ist wieder leicht angewinkelt und die Fußposition identisch der der vorherigen Übung. Diese Position wird gehalten. Diese Übung wird nacheinander auf beiden Seiten durchgeführt.

-Belastungsgefüge: 3x / Woche, beidseitig jeweils 4 Sätze á 45sek, bis zur maximalen Bewegungsreichweite

3.2 Begründung des Dehnprogramms

Die Testperson möchte eine größere Bewegungsreichweite sowie einen generellen Erhalt der für den Alltag nötigen Beweglichkeit erreichen. Dass dieses Ziel durch sowohl statisches als auch dynamisches Dehnen erreicht werden kann, wurde vielfach belegt (Konrad et al., 2016).

Durch den beruflichen Alltag sind bei der Testperson mehrere, teils gravierende Beweglichkeitsdefizite aufgetreten, den nun entgegengewirkt werden soll. Der gesamte Körper wurde gedehnt und dabei von oben nach unten gearbeitet, also von Nackenmuskulatur über Brust- und Rumpfmuskulatur bis zu den unteren Extremitäten. Um den auffällig negativen Ergebnissen in der Brustmuskulatur entgegen zu wirken, wurden zwei Übungen für diese Muskelgruppe gewählt. Um präventiv Beweglichkeitsdefiziten im Nackenbereich vorzubeugen, wurde auch dieser gedehnt. Ob Dehnung der Verletzungsprophylaxe dient, ist in der Forschung leider nicht einhundertprozentig geklärt. Es gibt sowohl Studien, die belegt haben, dass Dehnung vor allem Muskelzerrungen vorbeugt (Dadebo et al., 2004) als auch Studien, die davon ausgehen, dass Dehnung keinen Einfluss auf das Auftreten von Verletzungen nimmt (Shrier, 1999). Jedoch ist davon auszugehen, dass bei sämtlichen Muskeln ein regelmäßiges Beweglichkeitstraining die Bewegungsreichweite vergrößert (Konrad et al., 2017).

Des Weiteren wurde der Fokus auf die Muskelgruppen gelegt, die von stärkeren Defiziten betroffen waren. So wurden der M. iliopsoas sowie die ischiocrurale Muskelgruppe gezielt gedehnt. Da die Testperson regelmäßig moderat Laufen geht, wurde auch der Wadenmuskel ausgiebig gedehnt. Diese Übungen dienen vorwiegend der Beweglichkeit des M. triceps surae. Die positiven Effekte dieser Dehnung auf die Beweglichkeit im Bereich des Wadenmuskels wurden im Jahr 2019 nachgewiesen (HIRATA et al., 2019).

Das Belastungsgefüge wurde den Ergebnissen des manuellen Beweglichkeitstests angepasst. Um eventuelle Überdehnungen oder gar Überlastungen zu vermeiden, wurde bei Muskeln, die größere Defizite aufweisen, eine geringere Dehnintensität angesetzt.

4 Trainingsplanung Koordinationstraining

Im Folgenden wird ein Koordinationstraining im Sinne eines Gleichgewichtstrainings für die Testperson erstellt. Dabei wird auf die methodisch-didaktischen Prinzipien während des Koordinationstrainings (Kempf, 2000) geachtet. Begonnen wird also mit einfachen, leichten und aus dem Alltag bekannten Übungen. Während des Trainings erhöht sich entsprechend der Schwierigkeitsgrad der Übungen (Chwilkowski, 2006). Vor Beginn des Trainings wird ein 10minütiges Aufwärmtraining absolviert.

4.1 Durchführung des Koordinationstrainings

Tab. 8: Übungen Koordinationstraining inkl. ggf. Hilfsmittel sowie Belastungsgefüge, eigene Darstellung

Übungsbeschreibung	Hilfsmittel	Belastungsgefüge
Zweibeinstand mit geschlossenen Augen	-	3x / Woche, 3 Sätze á 45 sek, 30sek Pause
Zweibeinstand mit geschlossenen Augen, dabei langsame Impulsgebung an Schulter, Becken, Knie	Trainingspartner	3x / Woche, 3 Sätze á 45 sek, 30sek Pause
Einbeiniger Stand mit Händen in der Hüfte	-	3x / Woche, 3 Sätze / Seite á 35sek, 40sek Pause
Einbeiniger Stand mit Händen in der Hüfte, dabei langsame Impulsgebung an Schulter, Becken, Knie	Trainingspartner	3x / Woche, 3 Sätze / Seite á 35sek, 40sek Pause
Zweibeinstand auf Airex-Kissen	Airex-Kissen	3x / Woche, 3 Sätze a 45sek, 35sek Pause
Einbeiniger Stand auf Gymnastikmatte, dabei schnelle Impulsgebung an Schulter, Becken, Knie	Gymnastikmatte, Trainingspartner	3x / Woche, 4 Sätze / Seite á 40sek, 35sek Pause
Zweibeinstand in frontaler Richtung auf Wackelbrett, dabei langsame Impulsgebung an Schulter, Becken, Knie	Wackelbrett, Trainingspartner	3x / Woche, 3 Sätze á 45sek, 35sek Pause

Einbeiniger Stand in frontaler Richtung auf Wackelbrett, dabei wird ein Ball um den eigenen Körper gekreist	Wackelbrett, Ball	3x / Woche, 3 Sätze / Seite á 45sek, 40sek Pause
Beidbeiniger Sprung auf einen Bosuball, dort 3sek mit nach oben gestreckten Armen stehen bleiben, danach wieder Sprung auf den Boden	Bosuball	3x / Woche, 4 Sätze á 20 Wdh., 30sek Pause
Kniebeuge auf einem Wackelbrett	Wackelbrett	3x / Woche, 3 Sätze á 25 Wdh., 45sek Pause

4.2 Begründung des Koordinationsprogramms

Die Testperson ist völliger Neuling im Bereich des Koordinationstrainings, daher wurden zu Beginn des Trainings einfache und wenig komplexe Übungen gewählt. Dies entspricht auch dem Prinzip der progressiven Belastungssteigerung während des Koordinationstrainings (Chwilkowski, 2006). Ausarbeitungen von Häfelinger und Schuba empfehlen, bei statischen Übungen eine Dauer von 5-60s und bei dynamischen Bewegungen eine Wiederholungsanzahl zwischen 5 und 30 Wiederholungen festzulegen (vgl. Häfelinger et al., 2007). Hier wurde ebenso die empfohlene Pausenlänge von unter 45 Sekunden festgelegt sowie die maximale Satzanzahl von fünf pro Übung.

Langfristiges Ziel des Koordinationstrainings für die Zielperson ist es, eigene Gelenkbewegungen wahrnehmen und steuern zu können, das Gleichgewicht sowie die Balance bei statischen und dynamischen Bewegungen zu verbessern und darauf aufbauend auch Bewegungen unter erschwerten Bedingungen vollziehen zu können (vgl. Abb. 1).

Im Sinne der oben genannten progressiven Belastungssteigerung wurden die Übungen nach und nach komplexer und es wurden Hilfsmittel wie Gymnastikmatten, Wackelbretter und Bosubälle eingebaut, die den Stand erschweren und somit höhere koordinative Anforderungen mit sich bringen.

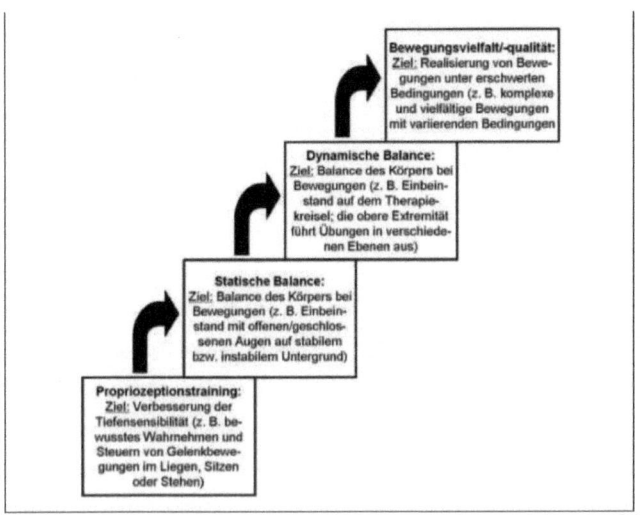

Abb. 1: Stufenschema zur Verbesserung der neuromuskulären Kontrolle, modifiziert nach Froböse (1998)

5 Literaturrecherche

Effekte des Dehnens im Hinblick auf eine Verbesserung der sportlichen Leistungsfähigkeit

5.1 Studie I

Tab. 9: Studie zur Auswirkung von Dehnung auf die sportliche Leistungsfähigkeit, eigene Darstellung, modifizert nach Chtourou et al. (2013)

Wer hat die Studie durchgeführt?	Chtourou, H.; Aloui, A.; Hammouda, O.; Chaouachi, A.; Chamari, K.; Souissi, N.
In welchem Jahr wurde die Studie publiziert?	2013
Welche Forschungsfrage wurde untersucht?	Die Auswirkungen von statischem und dynamischem Dehnen auf die Sprungleistung von Fußballspielern
Mit welchen Versuchspersonen wurde die Studie durchgeführt?	20 männliche Fußballspieler, Durchschnittsalter 18,6 Jahre, Durchschnittsgröße 174,6cm, Durchschnittsgewicht 71,1kg.
Wie sah der Versuchsaufbau der Studie aus?	Die Teilnehmer führten an insgesamt 6 Tagen die Versuche durch. Zwischen den

einzelnen Durchläufen lagen stets mindestens 48 Stunden. Die Tests wurden immer morgens um 7 Uhr und abends um 17 Uhr durchgeführt. Alle wärmten sich zu Beginn auf, indem sie 5 Minuten joggten. Danach wurde eine Pause von 1 Minute eingelegt. Die Teilnehmer wurden in 3 Gruppen aufgeteilt: die erste Gruppe führte nach dem Aufwärmen und der Pause kein Dehnprogramm durch, die zweite Gruppe absolvierte ein **statisches**, 8-minütiges Dehnen (Wadenmuskel, ischiocrurale Muskeln, vierköpfiger Oberschenkelmuskel), die dritte Gruppe absolvierte für dieselben Muskeln ein **dynamisches,** 8-minütiges Dehnen.

Nach wiederum einer Minute Pause führten alle Teilnehmer 3 Squat-Jumps und 3 Counter-Movement-Jumps (also ein Squat-Jump mit Auftaktbewegung nach unten) durch. Dieses Programm wurde zweimal täglich und über insgesamt 6 Tage durchgeführt. Als relevanter Messwert wurde jeweils die Bestleistung, also der höchste Sprung gewertet.

Welche relevanten Ergebnisse und Schlussfolgerungen lieferte die Studie?	Bei allen 3 Gruppen wurden Verbesserungen der körperlichen Leistungsfähigkeit festgestellt. Zudem waren die Ergebnisse am Abend stets besser als am Morgen. Absolut gesehen waren die Leistungen der Teilnehmer, die ein statisches Dehnen angewandt hatten, am besten. Die Gruppe, die keine Dehnung durchgeführt hatte, war absolut gesehen immer in der Mitte angesiedelt, die Gruppe des dynamischen

	Dehnens wies die schlechtesten Leistungen auf.
	Betrachtet man jedoch den relativen Anstieg der Leistungen während der einzelnen Testdurchläufe, wird deutlich, dass die Gruppe der dynamischen Dehnung die größten Fortschritte während der Studie verzeichnen konnte.
	Demnach ist festzuhalten, dass dynamisches Dehnen effektiver scheint, um größere Fortschritte der körperlichen Leistungsfähigkeit zu gewähren.

5.2 Studie II

Tab. 10: Studie zur Auswirkung von statischer und dynamischer Dehnung auf die sportliche Leistungsfähigkeit, eigene Darstellung, modifiziert nach Grätz (2010)

Wer hat die Studie durchgeführt?	Grätz, Michael
In welchem Jahr wurde die Studie publiziert?	2010
Welche Forschungsfrage wurde untersucht?	Die Auswirkungen von statischem und dynamischem Dehnen auf die Sprunghöhe, die 10-Yards-Zeit und die 40-Yards-Zeit von American Football-Spielern
Mit welchen Versuchspersonen wurde die Studie durchgeführt?	20 männliche Footballspieler der Division I
Wie sah der Versuchsaufbau der Studie aus?	Zwischen den einzelnen Tests lag eine Ruhepause von 4-7 Tagen, die Probanden durften innerhalb der letzten 24h vor der Testung keine körperlich anstrengenden Aktivitäten mit den unteren Extremitäten durchführen. Nachdem sie in 2 zufällige Gruppen eingeteilt wurden, führte die eine Gruppe ein statisches, die andere ein dy-

	namisches Dehnen durch. Davor absolvierten alle ein 10-minütiges Joggen als Aufwärmungsprogramm. Mithilfe einer Kraftmessplatte wurde beim oben beschriebenen Counter-Movement-Jump die Sprunghöhe gemessen und mithilfe einer Lichtschranke wurde die Sprintzeit der Probanden ermittelt. Die Sprung- und Sprinttests wurden jeweils nach dem Aufwärmen und der Dehnung vollzogen.
Welche relevanten Ergebnisse und Schlussfolgerungen lieferte die Studie?	Die Sprunghöhe lag bei Probanden, die ein dynamisches Dehnen durchgeführt hatten, im Schnitt um 2,2cm ($\triangleq$ 5,5%) höher als bei statischem Dehnen. Die Sprintgeschwindigkeit über 10 und 40 Yards wies keine signifikanten Unterschiede auf. Es konnten lediglich geringe Verbesserungen nach dynamischer Dehnung festgestellt werden. Dies lässt schlussfolgern, dass vor explosiven und schnellkräftigen sportlichen Belastungen eher auf ein kurzfristig vor der Belastung durchgeführtes dynamisches Dehnen gesetzt werden sollte.

6 Abbildungs- und Tabellenverzeichnis

6.1 Abbildungsverzeichnis

Abb. 1: Stufenschema zur Verbesserung der neuromuskulären Kontrolle, modifiziert nach Fröböse (1998) 16

6.2 Tabellenverzeichnis

Tab. 1: allgemeine und biometrische Daten zur Testperson.. 4
Tab. 2: Normwerte Testung des M. pectoralis major, eigene Darstellung, modifiziert nach Janda (2000)..5
Tab. 3: Normwerte Testung des M. iliopsoas, eigene Darstellung, modifiziert nach Janda (2000)............ 6
Tab. 4: Normwerte Testung des M. rectus femoris, eigene Darstellung, modifizert nach Janda (2000)...... 7
Tab. 5: Normwerte Testung Mm. ischiocrurales, eigene Darstellung, modifiziert nach Janda (2000) 7
Tab. 6: Normwerte Testung Mm. triceps surae, eigene Darstellung, modifiziert nach Janda (2000) 8
Tab. 7: Auswertung Ergebnisse der Testperson, eigene Darstellung... 8
Tab. 8: Übungen Koordinationstraining inkl. ggf. Hilfsmittel sowie Belastungsgefüge, eigene Darstellung
.... 14
Tab. 9: Studie zur Auswirkung von Dehnung auf die sportliche Leistungsfähigkeit, eigene Darstellung, modifizert nach Chtourou et al. (2013).. 16
Tab. 10: Studie zur Auswirkung von statischer und dynamischer Dehnung auf die sportliche Leistungsfähigkeit, eigene Darstellung, modifizert nach Grätz (2010)... 18

7 Literaturverzeichnis

Chwilkowski, C. (2006). *Medizinisches Koordinationstraining: "Verbesserung der Haltungs- und Bewegungskoordination durch Propriozeption"* (2. Aufl.). Dt. Trainer-Verl.

Dadebo, B., White, J. & George, K. P. (2004). A survey of flexibility training protocols and hamstring strains in professional football clubs in England. *British journal of sports medicine, 38*(4), 388–394. https://doi.org/10.1136/bjsm.2002.000044

Häfelinger, U., Schuba, V. & Häfelinger-Schuba. (2007). *Koordinationstherapie - propriozeptives Training* (3. Aufl.). *Wo Sport Spaß macht.* Meyer & Meyer.

HIRATA, K., YAMADERA, R. & AKAGI, R. (2019). Can Static Stretching Reduce Stiffness of the Triceps Surae in Older Men? *Medicine and Science in Sports and Exercise*, *52*(3), 673–679. https://doi.org/10.1249/MSS.0000000000002186

Janda, V. (Hg.). (2007). *Manuelle Muskelfunktionsdiagnostik* (4., überarb. und erw. Aufl. [Nachdr.]). Elsevier Urban & Fischer.

Kempf, H.-D. (2000). Schulung der koordinativen Fähigkeiten in der Rückenschule. Die Säule(1/2000).

Konrad, A., Stafilidis, S. & Tilp, M. (2016). Effects of acute static, ballistic, and PNF stretching exercise on the muscle and tendon tissue properties. *Scandinavian Journal of Medicine & Science in Sports*, *27*(10). https://doi.org/10.1111/sms.12725

Konrad, A., Budini, F. & Tilp, M. (2017). Acute effects of constant torque and constant angle stretching on the muscle and tendon tissue properties. *European Journal of Applied Physiology*, *117*(8), 1649–1656. https://doi.org/10.1007/s00421-017-3654-5

Schnabel, G. (Hg.). (1998). *Trainingswissenschaft: Leistung - Training - Wettkampf* (Studienausg., 2. Aufl. der stark überarb. und verb. auf der Grundlage der 1. Aufl. von 1994). Sportverl.

Schnabel, G., Harre, D., Krug, J. & Borde, A. (Hg.). (2005). *Trainingswissenschaft: Leistung - Training - Wettkampf* (Studienausgabe, stark überarbeitete und erweiterte Auflage). Sportverlag.

Shrier, I. (1999). Stretching before exercise does not reduce the risk of local muscle injury: a critical review of the clinical and basic science literature. *Clinical journal of sport medicine : official journal of the Canadian Academy of Sport Medicine*, *9*(4), 221–227. https://doi.org/10.1097/00042752-199910000-00007

https://www.euro.who.int/en/health-topics/disease-prevention/nutrition/a-healthy-lifestyle/body-mass-index-bmi

https://www.akademie-sport-gesundheit.de/lexikon/counter-movement-jump.html